LE

Réveil de la dormeuse d'Alençon

PAR

M. le Dr PAUL FAREZ

Professeur à l'Ecole de Psychologie

Rédacteur en Chef de la *Revue de Psychothérapie*.

PARIS

A. MALOINE, ÉDITEUR

25-27, RUE DE L'ÉCOLE-DE-MÉDECINE, 25-27

—

1910

Du même auteur :

1. De la dyshidrose, Paris, Maloine 205 p. 1896.
2. A propos d'un enfant extraordinaire, Rev. de l'Hypn., juin 1897.
3. Névrose trémulante guérie par la suggestion hypnotique (avec une planche). Revue de l'Hypn. oct. 1897 et Paris. Maloine. 16 p.
4. De la suggestion pendant le sommeil naturel, Rev., de l'Hypn. mars, avril. mai et juin 1898 : — Paris, Maloine. 46 p.
5. Éloge d'Auguste Voisin, Rev. de l'Hyp., juillet 1898.
6. Un dexiotétomètre. Rev. de polytech. méd. et chir., 30 nov. 1898, et Rev. de l'Hypn.. octobre 1898.
7. Traitement psychologique du mal de mer et des vertiges de la locomotion (chemins de fer, omnibus. tramways, etc.) Rev. de l'Hypn., nov., déc. 1898. février, juin 1899 : — Paris, Maloine. 48 p.
8. Fausse angine de poitrine consécutive à un rêve subconscient (10e Congrès des aliénistes et neurologistes, Marseille, avril 1899). Rev. de l'Hypn., mai 1899.
9. Hypnotisme et sommeil prolongé dans un cas de délire alcoolique. Rev. de l'Hypn. mai 1899.
10. Contre la morphinomanie, Rev. de l'Hyp. juin 1899
11. Psychonévrose post-infectieuse guérie par suggestion. Rev. de l'Hypn , juillet 1899.
12. Incontinence d'urine et suggestion pendant le sommeil naturel, Rev. de l'Hypn., août 1899, Indép. méd., 23 août 1899.
13. Un curieux cas d'incontinence urinaire spasmodique pendant le coït, Rev. de l'Hypn. nov. 1899 : Indép. médic. 2 août 1899.
14. Chloroforme et suggestion, Rev de l'Hyp., janv., févr. 1900.
15 Hyperhidrose palmaire et suggestion, Rev. de l'Hypn., janv. 1900.
16. Idées délirantes de persécution avec hallucinations auditives et visuelles consécutives à un traumatisme psychique chez une glycosurique ; Traitement hypnotique et guérison des troubles mentaux malgré la persistance de la glycosurie. Rev. de l'Hypn., avril 1899 et brochure, Paris, Quelquejeu. 16 p.
17. Ipnotismo e Psicologia nell' opera del Durand (de Gros) Rivista di studi psichici. janv. 1900.
18. Quelques phobies chez des dégénérés, Rev. de l'Hypn., mai 1900.
19. L'abstinence alcoolique des nourrices et la puériculture. Tribune médicale, 20 juin 1900.
20. Le traitement de l'alcoolisme, Rev. de l'Hypn.. août 1900.
21. L'hypnotisme comme procédé d'investigation psychologique. Rapport au 2e Congrès international de l'Hypnotisme de 1900 et Rev. de l'Hypn., août 1900. janv. 1901
22. Technique, indications et surprises de la suggestion somnique, Indép. méd., oct. 1900 et 2e cong. international de l'Hyp., 1900.
23. Le Daltonisme et l'éducation chromatopsique, 2e congr. internat. de l'Hypn. Paris, 1900 et Rev. de l'Hypn.. avril 1901.
24. L'Hypnotisme et l'évocation du subconscient, 4 Congr. internat. de Psychologie, Paris. 1900.
25 M. Ch. Renouvier et la théorie du vertige mental, Rev. de l'Hypn., janv. 1901.
26. La fonction sudorale et la vasomotricité, Rev. de l'Hypn , mars 1901.
27. Stigmates de dégénérescence mentale et psychothérapie, Rev. de l'Hypn. avril 1901.
28. Hémichorée récidivante, datant de trois mois, guérie en une séance de suggestion hypnotique, Indép. méd. 29 mai 1901 et Rev. de l'Hyp., juillet 1901.
29. Suggestion during natural sleep, Journ. of mental Pathology, New-York, june 1901 et Rev. de l'Hypn., août 1901.
30. Un cas de double désuggestion, Indép. médic , août 1901.
31. Un cas de vomissements nerveux incoercibles guéris par suggestion, Rev. de l'Hypn., déc. 1901.
32. Vomissements gravidiques incoercibles et ptyalisme guéris par suggestion, Rev. de l'Hypn., janv. 1902.
33. Un soi-disant liseur de pensées, Rev. de l'Hypn., fév. 1902.
34. Traitement hypnotique d'un cas de névrose trémulante, chez une femme de 76 ans, Rev. de l'Hypn , mars 1902.
35. Constipation opiniâtre et suggestion hypnotique, Rev. de l'Hypn., avril 1902.
36. Les rêves soi-disant prophétiques ou révélateurs. (leçon faite à l'Ecole de Psychologie), Rev. de l'Hypn , août 1902
37. L'action vasomotrice de la suggestion dans la guérison des verrues. avec une planche), Rev. de l'Hypn., sept. 1902.
38. Pseudo-coxalgie suggérée par le milieu familial, Rev. de l'Hypn., nov. 1902.
39. Somnoforme et suggestion, Rev. de l'Hypn., fév. 1903.

40. L'influence des anniversaires sur les récidives d'une psychonévrose traumatique intermittente, *Rev. de l'Hypn.*, avril 1903.

41. La Psychologie du somnoformisé, *Rev. de l'Hypn.*, juillet-août 1903.

42. La suggestion pendant la narcose produite par quelques dérivés halogénés de l'éthane et du méthane (suggestion éthyl-méthylique), *13ᵉ Congrès des aliénistes et neurologistes*, Bruxelles, 1903 ; *Rev. de l'Hypn.*, sept. 1903. *The Journal of mental pathology*, New-York, vol. V, nᵒ 2-3, p. 61.

43. Le réveil et la mort de la dormeuse de Thenelles, *Soc. d'Hypnol.*, oct. 1903 et *Rev. de l'Hypn.*, sept. 1904.

44. Incontinence nocturne d'urine guérie par suggestion pendant le sommeil naturel chez une enfant de 26 mois. *Rev. de l'Hypn.*, nov. 1903.

45. Les sommeils pathologiques, (leçon d'ouverture à l'Ecole de Psychologie), *Rev. de l'Hypn.*, fév. 1904.

46. Impotentia coeundi d'origine mentale, guérie par la suggestion éthyl-méthylique, *Rev. de l'Hypn.*, mars 1904.

47. L'analgésie obstétricale et la narcose éthyl-méthylique, *Rev. de l'Hypn.*, juin 1904.

48. Un sommeil de **17 ans**, *Rev. de l'Hypn.*, oct. 1904.

49. Le mal de mer et la suggestion, *Rev. de l'Hypn.*, oct. 1904.

50. Alcoolique traité avec succès, contre son gré et à son insu, par suggestion pendant le sommeil naturel, *Rev. de l'Hypn.*, mars 1905.

51. Un cas de « trac » chez un élève du Conservatoire, *Rev. de l'Hypn.*, avril 1905.

52. Nouvelles applications de la narcose éthyl-méthylique, *Rev. de l'Hypn.*, mai 1905.

53. Le « trac » par asynergie des images mentales. *Rev. de l'Hypn.*, janv. 1908.

54 Lumière colorée et hypnocyanotrope, *Rev. de l'Hypn.*, avril 1906.

55. Un ancien « traqueur » premier prix du Conservatoire, *Rev. de l'Hypn.*, avril 1906.

56. La dormeuse de San Remo, *Rev. de l'Hypn.*, mai 1906.

57. Mensonge et intimidation chez un lycéen, *Rev. de l'Hypn.*, sept. 1906.

58. Quelques nouveaux cas de « trac » chez des exécutants, *Rev. de l'Hypn.*, déc. 1906

59. Les sommeils pathologiques chez les animaux, *Rev. de Pathol. compar.* et *Rev. de l'Hypn.*, janv. 1907.

60. Les troubles psychiques de la présclérose fonctionnelle (*in* thèse Valleteau de Mouillac. Bordeaux, 1907).

61. Un sommeil de **30 ans** (?) *Rev. de l'Hypn.*, sept. 1907

62. L'expertise médico-légale et la question de la responsabilité, *Rev. de l'Hypn.*, oct. et nov. 1907 et brochure, Paris. Quelquejeu, 16 p.

63. Les troubles trophiques dans l'hystérie ; brûlures suggérées. *Rev. de l'Hypn.*, déc. 1907.

64. La prétendue ressuscitée de **Nuremberg**, *Rev. de l'Hypn.*, janv. 1908.

65. Mort par émotion, inhibition, suggestion, etc., *Rev. de l'Hypn.*, sept., oct. et nov. 1908.

66. Impuissance génitale par rumination mentale ; traitement psychologique et guérison, *Rev. de l'Hypn.*, janv. 1909.

67. Extériorisation de la volonté et supercherie, *Rev. de l'Hypn.*, fév. 1909.

68. Un cas de sommeil hystérique avec personnalité subconsciente. *Rev. de l'Hypn.*, avril et mai 1909.

69. A propos de quelques récentes publications sur l'incontinence d'urine, *Rev. de l'Hypn.*, juillet 1909 et Brochure, Laurent, Privas.

70. Encore la question de la responsabilité, *Rev. de l'Hypn.*, oct. et nov. 1909.

71. Un cas d'onirothérapie spontanée, *Gazette des Hôpitaux*, 28 oct. 1909 ; *Rev. de l'Hypn.*, déc. 1909.

72. La rééducation des fonctions digestives : la rééducation alimentaire. *Gazette des Hôpitaux*, 30 nov. 1909 · *Rev. de l'Hypn.*, nov. 1909.

73. Psychopathologie de la soif ; quelques préjugés relatifs aux boissons. *Rev. de Psychoth.*, juillet 1910 ; *Journal de Méd. int.* août 1910.

74. La dormeuse d'Alençon ; son réveil par la narcose éthyl-méthylique : *20ᵉ Congrès des aliénistes et neurologistes*, Bruxelles, août 1910 et *Rev. de Psychoth.*, août 1910

75. La rééducation fonctionnelle de la dormeuse d'Alençon ; *Rev. de Psychoth.*, sept. 1910.

76. Le dormeur de Chambéry, *Rev. de Psychoth.*, sept. 1910.

77. La prophylaxie des gastropathies, *Rev. de Psychoth.*, oct. 1910.

78. Encore un cas d'inhumation soi-disant prématurée, et à ce propos, exhumation d'un cas ancien, authentique et inédit. *Rev. de Psychoth.*, oct. 1910.

79. Quelques mauvaises habitudes relatives aux boissons, *Rev. de Psychoth.*

80. La psychologie de l'adipsie, *Rev. de Psychoth.*

Le Réveil de la dormeuse d'Alençon
par la narcose éthyl-méthylique (1)

Par M. le Docteur PAUL FAREZ
Professeur à l'Ecole de Psychologie
Rédacteur en Chef de la *Revue de Psychothérapie*.

Joséphine...., âgée de 32 ans, domestique, a, depuis quinze ans, 5 à 6 fois par an, de grandes crises hystériques, durant une heure ou deux, desquelles elle sort extrêmement fatiguée, avec incapacité complète de travail pendant plusieurs jours.

Entrée à l'hospice d'Alençon, le 22 janvier 1910, pour fatigue, épuisement, asthénie générale, elle est, au bout de quelques jours, frappée d'aphonie ; ses cordes vocales, examinées par le Dr Léon Chambay, laryngologiste, ne présentent aucune lésion ; il s'agit d'un nouvel incident hystérique. Entre temps, on la soigne pour de l'embarras gastrique.

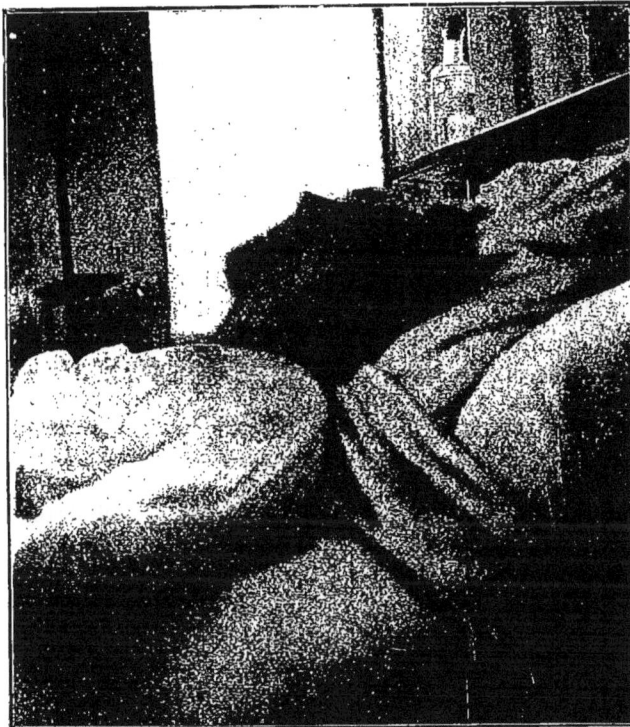

Très tourmentée de ne pas se rétablir vite, elle craint de ne plus jamais être en état de gagner sa vie ; elle voudrait pouvoir retourner

(1) Communication faite au 20e congrès des médecins aliénistes et neurologistes de France et des pays de langue française, Bruxelles-Liège, 1-7 août 1910 et *Revue de Psychothérapie*, août 1910.

dans son village. Elle devient triste, geignarde, découragée. Le 11 juin, elle est particulièrement nerveuse et mécontente ; on la quitte à 6 heures du soir ; quand on revient auprès d'elle, à 7 heures, elle dort du sommeil dont je la vois encore dormir 40 jours après, le jeudi 21 juillet 1910.

Au début, elle présente de la constriction des mâchoires. On essaie de l'alimenter par le nez, mais on y renonce, à cause des crises de suffocation qui surviennent. Le Dʳ Chambay, père, médecin en chef de l'hospice, armé d'un ouvre-bouche, écarte les maxillaires et introduit une sonde œsophagienne ; dès lors, c'est ainsi qu'on l'alimentera et les masséters ne seront plus contracturés ; elle garde même, continuellement, la bouche grande ouverte. Elle prend, deux fois par jour, un litre de lait et un jaune d'œuf, que l'on verse directement dans l'estomac, à l'aide de la sonde munie de son entonnoir. Elle ne présente pas d'amaigrissement notable. Un lavement, donné tous les deux jours, provoque une garde-robe satisfaisante. Elle urine sous elle. Ses règles sont survenues, il y a une semaine, et ont duré quatre jours. Le pouls varie de 65 à 70. La température avoisine 36° (1).

C'est, manifestement, un sommeil hystérique, semblable, dans ses grandes lignes, au type constitué par Charcot, mais aussi avec ses variantes individuelles.

L'anesthésie est généralisée à toute la surface cutanée ; il y a suspension apparente de l'audition, de la vue et du goût ; la malade ne paraît pas s'apercevoir de l'amertume du sulfate de quinine que j'ai déposé sur chaque moitié de sa langue ; mais, à la longue, elle proteste contre l'inhalation de vapeurs d'ammoniaque ; donc la muqueuse olfactive est encore sensible, dans une certaine mesure. Il y a de l'anesthésie pharyngée ; je lui enfonce et lui promène mon doigt dans la gorge ; elle ne paraît pas le sentir et aucun réflexe ne s'accomplit.

Chose curieuse, il n'y a pas ou guère de phénomènes convulsifs ; ses muscles sont mous, flasques, atones ; elle reste horizontalement dans la position où on la place sur son lit ; elle s'affaisse sur elle-même, si on l'assied ou la met debout.

Comme manifestations spontanées, pendant ses 40 jours de sommeil, on note, parfois, des mouvements de déglutition et quelques émissions de voix qui ressemblent à des grognements inarticulés ; mais tout cela à intervalles très éloignés, tous les quelques jours seulement. Une fois, elle s'est placée spontanément sur le côté. Elle présente une continuelle trémulation des paupières, ce qui est un phénomène non seulement fréquent mais, pour ainsi dire, constant dans ces cas de sommeils hystériques.

Les réflexes pupillaire, cornéen, olécranien, cutané plantaire sont absents ; le réflexe cutané abdominal est très faible, celui du poignet nettement appréciable ; le réflexe rotulien est très net ; celui de la

(1) Tous ces renseignements m'ont été très obligeamment communiqués par M. le Docteur Chambay père, que je remercie tout particulièrement de son accueil empressé et cordial.

déglutition est à peu près normal ; toutefois on lui donne son lait avec la sonde, car il serait trop long de lui faire déglutir le litre de lait donné à la cuiller (1).

Elle réagit, dans une certaine mesure, aux impressions extérieures ; quand on la pique ou la pince, elle ne paraît pas le sentir ; toutefois, ses trémulations palpébrales augmentent d'amplitude et de fréquence. Elle a tâché d'éloigner sa tête du flacon d'ammoniaque qu'on lui présentait. Quand on plie fortement la jambe sur la cuisse, on sent, à la fin de la flexion, une légère résistance, qu'il est, d'ailleurs très facile de vaincre. Par des pressions et tractions répétées et rythmées, je ferme puis j'ouvre, plusieurs fois de suite, mais lentement, sa bouche : la malade achève d'elle-même le mouvement que je provoque, mais plus vite que je ne le dirige. Si l'on veut lui relever, de force, la paupière supérieure, on y arrive, sans trop de lutte ; mais, au fur et à mesure qu'on la relève, le globe oculaire se révulse en haut, la pupille fuit et se laisse très difficilement voir. Si d'autre part, sans prévenir la malade, on relève, d'un seul coup, par un mouvement brusque, la paupière supérieure, on voit nettement la pupille qui n'a pas eu le temps de fuir en haut.

Ce sommeil a déjà duré 40 jours ; il pourrait durer 40 semaines, voire 40 mois, plus même. Dans le cas de Gésine (de Grambke), dont j'ai rapporté l'observation en 1904, le réveil n'est survenu qu'au bout de 17 ans ; il s'est fait attendre 20 ans chez Marguerite B... (de Thenelles), que j'ai étudiée, autrefois, en compagnie du Dr Charlier d'Origny Ste-Benoîte et au sujet de laquelle le Dr Bérillon avait déjà publiée, en 1887, une étude très documentée (2).

Que fait-on, d'ordinaire, en présence de semblables cas ? Rien ; car on est convaincu de l'inefficacité de toute thérapeutique, en semblable occurrence ; on attend le réveil spontané...

Pour le dire en passant, lorsque survient le réveil, il n'est spontané qu'en apparence. Il est, d'ordinaire, conditionné soit par une décharge

---

(1) La recherche de ces réflexes a été faite, avec un très grand soin, par M. le Docteur Baruk, médecin en chef de l'asile d'aliénés d'Alençon.

(2) A titre de documentation, voici les publications les plus récentes relatives à cette question :
BÉRILLON. — La léthargique de Thenelles, Revue de l'Hypn., avril 1887 (avec 2 figures) et 26 avril 1904.
CHARLIER (d'Origny Ste-Benoîte). — La dormeuse de Thenelles. Discussion : Raffegeau, Paul Farez, Voisin et Bérillon, Revue de l'Hypn., sept. 1904.
Paul FAREZ. — Les sommeils pathologiques, leçon d'ouverture à l'Ecole de psychologie, le 15 janvier 1904 Revue de l'Hypn., février 1904 ; — Un sommeil de dix-sept ans, Revue de l'Hypn., octobre 1904 ; — La dormeuse de Sam Remo, Revue de l'Hypn., mai 1906 : — Un sommeil de trente ans, Revue de l'Hypn., septembre 1907 : — Les sommeils pathologiques chez les animaux, Revue de Pathologie comparée, novembre 1906 et Revue de l'Hypn., janvier 1907 ; — La prétendue ressuscitée de Nuremberg, Revue de l'Hypn., janvier 1908 ; — Un cas de sommeil hystérique avec personnalité subconsciente, Revue de l'Hypn., avril et mai 1909.
WITRY. — Un cas de sommeil hystérique, Revue de l'Hypn., sept. 1906.
Etienne JOURDAN. — Un cas de sommeil hystérique avec personnalité subconsciente, Revue de l'Hypn., juin, juillet, août 1905.
BARBIER. — Un cas de crises de sommeil léthargique chez une hystérique, Revue de l'Hypn., juin 1906.

urinaire, comme l'a si bien montré Charcot (1), — soit, comme je l'ai relevé chez un certain nombre de dormeuses, par une intoxication ; en voici des exemples : albuminurie chez Gésine (de Grambke), — tuberculose,chez Marguerite B. (de Thenelles), — pneumonie, chez Eudoxie qui fut hospitalisée longtemps à la Salpétrière, dans le service de notre éminent maître le D\u2072 Jules Voisin (2).

Alors que faire, en présence de ce sommeil hystérique ? Attendre la modification physiologique ou pathologique qui permettra ou déterminera le réveil ? On risquerait d'attendre très longtemps, Mais, en attendant, au moins on observera minutieusement la malade. Sans doute les observations scientifiques sont intéressantes et instructives, mais combien plus intéressante et utile est la thérapeutique. Or, il y a quelque chose de poignant et même d'un peu humiliant pour un médecin à rester les bras croisés, devant un malade, sous prétexte qu' « il n'y a rien à faire. » Aussi, après avoir examiné Joséphine, je n'eus plus que cette obsession : parvenir à la réveiller.

J'avais, d'ailleurs, en allant à Alençon, mon projet bien arrêté.

Procéder par suggestion directe, d'emblée, direz-vous ? Non ; car, dans ces sortes de sommeils hystériques, les dormeuses n'obéissent pas aux suggestions, si même elles les entendent.

Ici, comme dans tous les cas difficiles, justiciables de la psychothéra-rapie, l'essentiel, l'indispensable est de rendre le malade accessible aux directions thérapeutiques ; il faut modifier profondément le terrain, le rendre impressionnable et libérer, réveiller, développer la suggestionna-bilité. Or, cela s'obtient par un biais, par un artifice détourné.

Comme l'a si justement écrit M. le professeur Raymond, le sommeil hystérique comporte « l'inhibition de certains centres corticaux ou sous-corticaux du cerveau. » La suggestion n'atteint pas un centre ainsi inhibé. Or, comment se représenter cette inhibition ? Supposons un mem-

---

(1) Cette constatation est un nouvel argument en faveur des opinions de M. le Professeur Régis (de Bordeaux) sur le rôle de l'intoxication dans l'étiologie et de la désintoxication dans la curation des manifestations hystériques. Dans cet ordre d'idées, et pour décongestionner ses reins, j'avais, chez Joséphine, avant toute tentative de réveil, appliqué une grosse ventouse sur chaque triangle de Jean Louis Petit, d'après la pratique du Professeur Renaut (de Lyon).

(2) A propos de Gésine, j'émettais, en 1904, cette hypothèse explicative : « Qu'il s'agisse de la toxine tuberculeuse, de la toxine pneumonique ou d'une intoxication quelconque, celle, par exemple, que produit l'albumine, nous avons affaire, semble-t-il, à des espèces d'un même genre. Nous savons déjà que les intoxications, à elles seules, font appel à l'hystérie ; si, par contre, il était vrai qu'une intoxication intercurrente guérit les troubles hystériques, une fois constitués, nous aurions là une nouvelle confirmation de la loi formulée par Dumontpallier : « L'agent qui fait, défait. » L'intoxication, chez les hystériques, (tout comme, d'ailleurs, le traumatisme) est un agent de désagrégation et de dissociation fonctionnelle. Dissociant l'équilibre normal, elle fait le désordre ; mais, dissociant le désordre, elle peut ramener l'ordre. Autrement dit, elle rompt l'assiette fonctionnelle sur laquelle elle agit : dans le cas d'une sensibilité normale, elle provoque des anesthésies ou des hyperesthésies ou les deux à la fois ; dans le cas d'anesthésies ou d'hyperesthésies, elle ramène l'esthésie normale. Cette interprétation n'est, il est vrai, qu'une hypothèse, mais vraisemblable, rationnelle et en accord avec les faits observés ; si elle se confirme, elle permettra de faire rentrer dans les grandes lois de la pathologie générale ces réveils, en apparence subits, qui nous déconcertent, précisément parce que leur mécanisme étiologique nous a échappé jusqu'alors. »

bre contracturé : il est frappé d'impotence fonctionnelle ; si l'on parvient à le décontracturer, la fonction motrice revient à la faveur de la détente musculaire. De même si l'on pouvait agir sur ces centres inhibés, et provoquer, en quelque sorte, leur détente, peut-être provoquerait-on, par cela même, le rappel de leur fonction. C'est d'après ces idées que je me suis proposé de réaliser le programme suivant :

1° Transformer le sommeil pathologique en sommeil *narcotique ;*

2° Transformer le sommeil narcotique en sommeil hypnotique ;

3° A la faveur de ce dernier, imposer des suggestions thérapeutiques.

Mes prévisions se sont pleinement confirmées. J'ai eu la bonne fortune de réveiller Joséphine, grâce à l'artifice de la *narcose*. Celle-ci a été réalisée à l'aide du somnoforme (1) qui m'a déjà rendu de signalés services en psychothérapie (2).

Je n'ai pas à insister sur les détails de la technique qui fut longue et délicate, étant donné que le sujet respirait très superficiellement et, pour ainsi dire, au minimum. Bientôt, cependant, les mouvements respiratoires deviennent amples, profonds, réguliers, sonores ; je sens qu'elle va être à ma merci. Au moment propice, profitant de l'hyponarcose, que je prolonge, autant qu'il est nécessaire, je la suggestionne dans un état équivalent au sommeil hypnotique. Et mes suggestions se font persuasives ou impératives, appropriées aux circonstances.

Joséphine fait, tout d'abord, entendre un cri plaintif continu, une sorte de ah ! ah ! prolongé. Il semble qu'elle souffre.

— « Où souffrez-vous, lui dis-je ? Montrez la région avec la main. »

Et, lentement, d'une main qui hésite, tâtonne, elle montre le milieu du sternum. J'y fais alors des frictions avec un crayon à la capsicine ; nous sommes peut être en face d'une dysesthésie douloureuse, que cette révulsion influencera, je pense, heureusement.

Aussitôt, elle se met à vouloir cracher des mucosités glaireuses, qui font penser à ces expulsions pituiteuses œsophagiennes, si fréquentes chez les hystériques. Elle fait des efforts énergiques et persévérants

---

(1) Le somnoforme est un mélange de chlorure d'éthyle, 60 °/o, — chlorure de méthyle, 35 °/o, et bromure d'éthyle, 5 °/o.

(2) Paul FAREZ. — *Somnoforme et suggestion*, Revue de l'Hypnotisme, février 1903, p. 254. — *La psychologie du somnoformisé*, Rev. de l'Hypn. juillet et août 1903, p. 19 et 37. — *Suggestion during narcosis produced by some halogenous derivatives of ethane and methane (ethyl-methylic suggestion)*, The Journal of mental pathology, New-York, vol. V, n° 2-3, p. 61. — *La suggestion pendant la narcose produite par quelques dérivés halogénés de l'éthane et du méthane (suggestion éthyl-méthylique)*, 13e congrès des aliénistes et neurologistes, Bruxelles, août 1903 et Rev. de l'Hypn. sept. 1903, p. 67. — *Impotentia coeundi, d'origine mentale, guérie par la suggestion éthyl-méthylique*, Rev. de l'Hypn. mars 1904. — *L'analgésie obstétricale et la narcose éthyl-méthylique*, Rev. de l'Hypn. juin 1904, p. 369. — *Nouvelles applications de la narcose éthyl-méthylique*, Rev. de l'Hypn. mai 1905, p. 341.
Voyez aussi, sur le même sujet : WIAZEMSKY (de Saratów, Russie). *Vomissements incoercibles de la grossesse guéris par la suggestion pendant la narcose éthyl-méthylique*, Rev. de l'Hypn. avril 1905 ; Cf. mai 1905, p. 347. — BERNARD (de Cannes). Rev. de l'Hypn. mai 1905, p. 344. — Etienne JOURDAN (de Marseille). *Un cas de sommeil hystérique avec personnalité subconsciente*, Rev. de l'Hypn. juin 1905, p. 367 ; Cf. mai 1905, p. 346. — FEUILLADE (de Lyon). Rev. de l'Hypn. mai 1905, p. 346. — Antonio GOTA. *Caso de un sueno histerico con personalidad subconsciente*. La Clinica moderna. Zaragoza 1,15 de Agosto de 1908, p. 453 et 479. — DE GEIJERSTAM de Gothembourg, Suède). *La technique de l'hypnothérapie*, Rev. de l'Hypn. janv. 1909, p. 204.

pour les cracher ; mais elle s'en débarasse avec peine, car ces mucosités sont très épaisses.

Elle continue à souffrir intérieurement dans la région qui répond au milieu du sternum. Ne se rendant pas bien compte de ce qui se passe, toute entière à sa douleur, se croyant peut-être très malade, elle ne cesse. pendant quelques minutes, de crier, en articulant, d'ailleurs, très distinctement : « Hélas ! Pitié ! Seigneur ! Prenez-moi ! Seigneur ! Ayez pitié de moi ! Hélas ! Seigneur, prenez-moi ! »

Petit à petit, ma suggestion la rassure ; ses plaintes cessent ; j'obtiens qu'elle reste assise sur son lit, sans soutien, tenant elle-même, avec ses deux mains. la cuvette dans laquelle elle crache ses glaires.

Pour fluidifier ces dernières et à cause de la fétidité de l'haleine, je propose un lavage d'estomac, que l'on fait très copieux, plusieurs fois de suite ; on le cesse, dès que le liquide ingéré revient tout à fait clair. Et quelques cuillerées de lait sont dégluties par Joséphine, avec hésitation il est vrai.

Dans le but de réveiller la sensibilité pharyngée, je badigeonne, avec de la teinture d'Iode, les amygdales et les régions avoisinantes, me rappelant que cette pratique a donné de bons résultats dans un cas traité autrefois par le Dr Raffegeau (du Vésinet).

Sous l'influence de mes suggestions, incessamment répétées, elle s'éveille de plus en plus ; elle les entend ; elle manifeste sa joie, surtout quand je lui explique qu'elle va guérir, qu'elle sortira de l'hospice, qu'elle pourra, de nouveau, se placer, gagner sa vie, avoir de bons gages, etc. Elle rit ; sa figure s'épanouit.

Vous allez beaucoup mieux, lui dit-on. Sentez-vous que ça va mieux ?
— Oh ! oui ! dit-elle, avec conviction.

Tout de même, comme nous nous occupons d'elle depuis près de deux heures. elle se sent fatiguée ; je demande qu'on lui apporte du café.

— Aimez-vous le café ? lui dis-je.

— Oh oui ! répond-elle, d'un air gourmand.

— Faut-il y mettre du sucre ?

— Oui.

— Combien de morceaux ? Deux ?

— Oui. dit-elle. Mais, à cause de ses dents mauvaises, elle dit oui en sifflant ; son oui ressemble à si ou à six.

— Comment ? *Six* morceaux, lui dis-je, en plaisantant ? Sa figure s'épanouit largement et elle rit aux éclats.

— Autant verser, tout de suite, le café dans le sucrier. continué-je, en plaisantant ; et, de nouveau, elle rit bruyamment.

Elle accepte, de bon cœur, le café que je lui donne par cuillerées ; bientôt elle se sent remontée, tonifiée.

On lui explique que je suis venu de Paris pour la guérir et qu'elle doit m'être reconnaissante ; elle me sourit gracieusement, me serre spontanément la main et me dit : « Merci, Monsieur. »

Le réveil n'a pas été brusque, complet, instantané, comme chez Gésine (de Grambke) par exemple. Ici, il a été lent et progressif. En apparence, elle n'a gardé aucun souvenir de ce qui s'est passé pendant son sommeil ; elle ne se rappelle ni son nom, ni son âge, ni l'endroit où elle est ; ce n'est qu'après un long moment qu'elle reconnaît sœur Joséphine qui s'occupe d'elle avec dévouement.

Chose curieuse, la déglutition, était à peu près facile et relativement régulière, pendant le sommeil, alors qu'elle était uniquement réflexe et inconsciente. Après le réveil, on dit à Joséphine : « Buvez, avalez, avalez-bien ». Cette fois, la déglutition, devenue consciente, se montre hésitante, difficultueuse, malhabile. Je dois, en lui donnant à boire, appeler son attention sur les différents mouvements qu'il faut qu'elle accomplisse ; j'éduque ses lèvres à aller au devant du liquide et à se fermer sur lui, etc.

Elle est incapable de marcher, tellement ses muscles sont flasques et ont perdu le souvenir de la contraction. Tout de même, avec sa main, elle me serre les doigts, au commandement, lentement, petit à petit et d'autant plus que je sollicite davantage son effort.

En somme, chez elle, toutes les rééducations sont à refaire. Mais elle est sortie de son sommeil pathologique ; le terrain est profondément modifié ; je l'ai rendue accessible aux rééducations fonctionnelles multiples, longues et patientes, auxquelles vont s'appliquer les médecins dévoués qui lui prodiguent leurs soins.

On pourra dire que j'ai, chez Joséphine, réalisé cette sorte de paradoxe : « Pour réveiller, endormir davantage ». Mais ce n'est là qu'une apparence ; la narcose a eu, précisément, pour effet de provoquer la détente, l'hypotaxie, la passivité, grâce auxquelles les suggestions thérapeutiques deviennent efficaces.

En terminant je veux, tout particulièrement, remercier, pour le concours actif, empressé et intelligent qu'ils m'ont prêté dans la circonstance, M. le Dr Chambay, père, médecin en chef de l'hospice ; M. le Dr Godde, médecin-adjoint de l'hospice, et M. le Dr Baruk, médecin en chef de l'asile d'aliénés, sans oublier la bonne sœur Joséphine, dont la collaboration aussi nous a été précieuse.

La rééducation fonctionnelle de la dormeuse d'Alençon[1]

Par M. le Docteur PAUL FAREZ
Professeur à l'École de Psychologie
Rédacteur en Chef de la *Revue de Psychothérapie*

Tirée, le 21 juillet 1910, d'un sommeil de quarante jours, grâce à l'artifice de la narcose, Joséphine, ainsi que je l'avais présumé, ne peut être rééduquée que progressivement et très lentement.

Non content de donner tous ses soins à cette rééducation fonctionnelle, si délicate et si difficultueuse, le docteur Chambay, avec une bonne

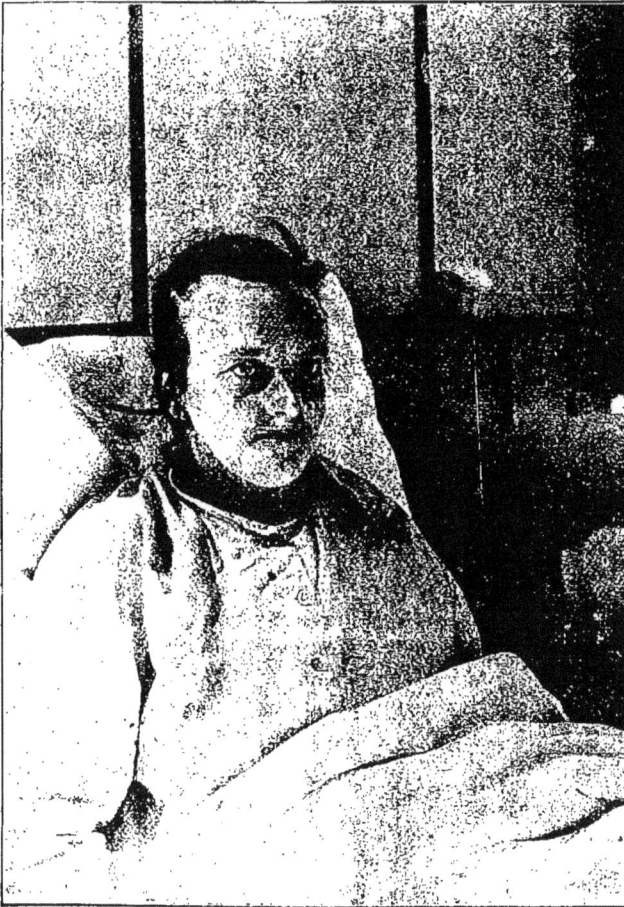

grâce dont je le remercie à nouveau, n'a cessé de me documenter et de répondre avec empressement aux nombreux et copieux questionnaires dont je l'ai assailli.

[1] *Revue de Psychothérapie*, septembre 1910.

Le 10 août, Joséphine présente les particularités suivantes.

La sensibilité cutanée est revenue, dans une large mesure ; mais elle est loin d'avoir retrouvé son acuité normale.

Les diverses activités sensorielles sont, presque toutes, obtuses ou restreintes. Si Joséphine entend bien des deux oreilles, — par contre, elle voit les objets comme dans un brouillard ; elle ne sent les odeurs que faiblement et au bout d'un temps très appréciable ; elle mange par docilité, plutôt que par goût ; elle ne semble pas faire bonne chère et a peu d'appétit

Elle n'a pas réappris à mastiquer. Elle n'absorbe encore que du liquide, principalement des jaunes d'œuf, délayés dans du lait ; elle s'alimente toutes les trois heures.

Sa respiration est normale, comme rythme et comme amplitude ; le pouls est à 90 ; la température est de 36,5. Souvent ses extrémités sont froides, surtout les pieds.

Elle présente un certain degré d'obnubilation mentale, aussi bien que sensorielle. Souvent, elle est plongée dans une sorte de torpeur, avec occlusion des paupières ; on la fait sortir de cet état en lui parlant. Elle ne manifeste guère d'initiative et elle n'engage pas la conversation ; mais elle répond et son activité intellectuelle revient peu à peu.

D'une manière générale, elle a retrouvé le souvenir des faits antérieurs à son sommeil ; elle ne se rappelle ni les conditions dans lesquelles elle s'est endormie, ni rien de ce qui se rapporte à ses quarante jours de sommeil. Elle ne s'est, d'ailleurs, pas informée de ce qui s'est passé pendant cette période. Pour les phénomènes postérieurs à ce sommeil pathologique, les souvenirs sont restreints et imparfaits ; elle se rappelle, mais avec peine et en partie, les évènements de la veille ou du matin.

Le sommeil nocturne est très bon, calme, reposant, ininterrompu sans rêve, à ce qu'il semble. Elle s'endort de très bonne heure et se réveille vers cinq heures, selon la coutume de la campagne et ses habitudes de domestique. Au réveil, elle a mal à l'estomac et à la tête, comme il advient communément à ceux qui présentent de l'hypersecrétion stomacale avec fermentations anormales.

Elle ne sait encore ni marcher, ni se lever. Mais, au commandement, elle étend ou fléchit chacun des doigts de chaque main et serre, quoique faiblement, la main qu'on lui tend. Quand on le lui commande, elle sait résister aussi, mais sans grande énergie, à des manœuvres de flexion et d'extension des membres, de chaque côté du corps.

Elle ne présente ni spasme, ni contracture ; les trémulations des paupières ont complètement cessé.

Elle ne mange pas encore seule ; on lui donne ses œufs et son lait à la cuiller ; mais elle déglutit parfaitement et l'on ne verse plus le liquide, — comme tout de suite après le réveil, — dans une bouche inerte et sans réaction ; au contraire, ses lèvres, rééduquées, savent aspirer et recevoir activement l'alimentation liquide.

Elle ne va à la garde-robe qu'à la suite d'un lavement, qu'on lui administre tous les deux jours. Mais elle n'urine plus sous elle et elle demande le bassin quand elle en éprouve le besoin.

Elle parle toujours à voix basse, mais articule distinctement.

Son émotivité est revenue. On se rappelle que, une fois réveillée, Joséphine ne savait ni où elle était, ni pourquoi elle y était. Le jour où le Dr Chambay lui expliqua qu'elle se trouvait à l'hospice, elle se mit à pleurer. Or, elle s'était endormie à la suite précisément du souci que lui causait son séjour prolongé à l'hospice.

C'est pour moi un agréable devoir de répéter que, si Joséphine me doit son réveil, c'est au dévouement, à la patience et à la bonté du Docteur Chambay qu'elle sera redevable de sa rééducation fonctionnelle.